… SILJA WALTER
DER BRENNENDE ZEITVERTREIB

„Brannte nicht unser Herz?"....

Mer wänd de Gluet fescht
Sorg hebe ... Du _ _!

1976   J.

SILJA WALTER

DER BRENNENDE

ZEITVERTREIB

PFINGSTSPIEL

IM VERLAG DER ARCHE IN ZÜRICH

Mit einem theologischen Nachwort von Ernst Hofmann

Alle Rechte vorbehalten
Copyright © 1976 by Peter Schifferli,
Verlags AG Die Arche Zürich
Printed in Switzerland by Buchdruckerei AG Baden
ISBN 3 7160 1581 4

PERSONEN

Gregor und Loranne Avink-Rey
Vier Reisende, unter
ihnen eine Frau
Bahnhofvorstand
Gepäckwagenfahrer
Stimme am Lautsprecher

Der Gekreuzigte
Drei Soldaten

Die Singenden im Obergemach

VORSPIEL

DIE FUSSWASCHUNG IM KIOSK

Auf einem großen Bahnhof in der Kioskwohnküche. Der Lärm aus der Bahnhofshalle untermalt unaufdringlich das Gespräch. Einfahrende Züge, Lautsprecher-Informationen usw.

GREGOR:
Sie singen wieder –

Sie singen wieder –
Loranne Rey –
LORANNE:
Wir haben ja auch keine Wohnung.
Ich habe dem Direktor gesagt,
daß es jetzt nicht geht.
Vielleicht später.
Sie hantiert etwas, läßt Wasser in eine Schüssel laufen.
GREGOR:
Schöner Gesang –
Da singen sie,
alle zusammen singen sie jetzt –
LORANNE:
Wo du doch alle deine Sprachen
vergessen hast.
Das geht nicht.
Er will aber doch noch warten.
Er hat mir gesagt:
Wir sind uns bewußt,
was für eine Kapazität Ihr Gatte ist.
Er wäre ein Glücksfall
für unser Unternehmen.

GREGOR:
Der Gesang kommt aus meiner
Maschine –
LORANNE:
Man kennt dich seit Jahren,
siehst du,
sogar hier im Ausland wissen sie
von dir.
Von deinen technischen Experimenten
und deinen Sprachkenntnissen.
Er hält es für möglich,
daß du den Defekt in kurzer Zeit
überholst.
Dr. Berner hat es ihm bestätigt.
GREGOR:
Sieht Loranne Rey
meine Elektrokonstruktion hier,
neben dem Gasherd, hier?
Sieht das schöne silberne Mädchen
die Elektrokonstruktion
des Gregor Avink hier?
–
Jaja, der Gesang kommt aus meiner Maschine.
Sie singen in allen Sprachen
international
in allen Sprachen, über die Welt hin
interkontinental ... inter ...
Ah Loranne Rey –
weiß das blaue, silberne ...
weiß dieses Mädchen hier, was das für ein
Gesang ist?
Aus meiner Elektrokonstruktion?
Läßt Wasser in eine Schüssel laufen.

LORANNE:
Ich habe dem Direktor gesagt,
was Dr. Berner gesagt hat.
Er rechnet damit, daß du mit seinen
Mitteln auf einmal wieder –
vielleicht auf einmal wieder ganz gut –
GREGOR:
Loranne kann nicht wissen,
daß ich die Internationale hier
destilliere –
in meiner Maschine hier zwischen
Gasherd und Kochkiste destilliere –
eine wunderschöne,
wunder-wunderschöne Inter- oder Anti-Inter...
vielleicht eine Anti-Inter... nationale...
vermutlich.
Ja.
Genau.
Die Anti-Internationale singt jetzt
da drin über die Welt hin,
silberblaues kleines Mädchen Loranne,
wenn ich doch sage...
Hörst du... da... da... hörst du...?
Hörst du denn nicht?
LORANNE:
Nein, Gregor.
Du hörst manchmal etwas –
Nur du, sonst niemand –
Seitdem du heraus bist,
weißt du.
Seither hörst und siehst du oft
etwas.

GREGOR:
Bleibt festzustellen –
bleibt abzuklären –
woher der Gesang kommt.
Woher.
Bleibt technisch –
mittels Antennen zu ermitteln –
LORANNE:
Ich habe dem Direktor auch gesagt,
daß wir noch immer keine Wohnung
haben.
Ich habe ihm gesagt:
Ich habe den Zeitungsvertrieb
am Kiosk hier bekommen.
Da ist zwar eine Wohnküche dabei.
Aber eine Wohnung ist das nicht.
Ist das Wasser nicht zu heiß?
Gregor?
GREGOR:
Wie die singen ...
die wohnen –
ja, wohnen sollte man –
die wohnen darin.
In ihrem Gesang über die Welt hin –
oben,
über der Welt – wer weiß –
die singen sich etwas.
Gib acht, was die sich singen,
schönes, silberblaues Mädchen –
ich sage dir etwas:
die singen sich ein Haus.
Eine Wohnung.
Ein Gemach, oben.

Da wohnen die jetzt international,
verstehst du, wohnen sie
in einer internationalen Wohnung aus...
Ja.
...
Das Wasser ist zu heiß, Loranne Rey.
Bist du vielleicht nicht Loranne Rey?
LORANNE:
Aber nein, Gregor!
Das weißt du doch.
Ich bin doch deine Frau,
nicht mehr Loranne Rey,
jetzt bin ich Loranne Avink.
Du hast wirklich alles vergessen.
...
Paß auf, ich gieße kaltes Wasser nach.
Gießt.
GREGOR:
Ja, ich habe etwas vergessen.
Aber ich habe vergessen,
was ich vergessen habe.
...
Nach der Fußwaschung gingen sie...
Wohin gingen sie nach der Fußwaschung?
LORANNE:
Geht es jetzt?
Komm –
der rechte Fuß zuerst.
Ja, der zuerst.
So.
Wenn beide gewaschen sind,
kannst du ein wenig darin bleiben
im warmen Wasser.

Das tut gut,
nicht?
GREGOR:
Nach der Fußwaschung –
Wo war denn die Fußwaschung?
...
Weiß man nicht.
Aber später gingen sie...
über den Kedronbach.
Genau.
Und später sangen sie.
Dann blieben sie darin und wohnten darin.
Im Gesang.
...
Ich bin aber heraus.
Ich bin Gregor Avink –
Ich bin heraus.
Ich wohne nirgends mehr.
Wenn man heraus ist,
dann hat man nur noch –
was hat man dann nur noch?
In der Hand, rate?
...
Wenn man heraus ist?
LORANNE:
Es ist sehr liebenswürdig
vom Direktor,
nicht?
Daß er die Stelle offen lassen will
für dich.
GREGOR:
Seit wann aber bin ich heraus?

LORANNE:
> Seit du in der Klinik warst,
> seither.
> ...
> Ja, seither.
> Seither hast du alle deine Sprachen
> vergessen.

GREGOR:
> Aber da, in meiner geschlossenen Hand,
> da, Mädchen,
> da habe ich etwas.
> Rate.

LORANNE:
> Ich errate es nicht.
> Es ist zu schwierig.
> ...
> Weißt du, für den Augenblick ist eine solche Stelle
> natürlich ganz ausgeschlossen –
> mit all den internationalen Beziehungen.

GREGOR:
> Ich sehe, Loranne Rey sieht meine Maschine
> nicht dastehen,
> meine Elektrokonstruktion, hier.
> Hier zwischen Gasherd und Kochkiste.
> Hier.
> Sie errät nie in ihrem Leben,
> was Gregor Avink
> in seiner geschlossenen Hand hält. –
> Loranne Rey liebt mich nicht.

LORANNE:
> Ach Gregor, was denkst du dir!
> Ich habe doch nur gesagt...

GREGOR:
Gregor Avink denkt nicht mehr.
Er denkt nie mehr etwas.
Die Zeit zu denken ist für Gregor Avink
vorbei.
Er ist heraus...
aus allen Wohnungen,
aus allen Gedanken,
aus allen Kliniken,
aus aller Zeit,
heraus aus der Weltgeschichte –

LORANNE:
Ja, jetzt sind wir in der Fremde.
Fort von zuhause.
In diesem Kiosk...
Aber es ist doch gut,
daß ich diesen Bahnhofkiosk bekommen
habe?
Ich verkaufe Zeitungen,
im Bahnhof.
Auf Perron III.
Damit wir leben können.
Solange du so ganz, so außer dir...
solange du heraus bist,
habe ich den Zeitungsvertrieb
übernommen.
Ist doch gut?
Nicht?

GREGOR:
Ich komme aber nie mehr
nach drinnen
hinein.
Ich bleibe draußen,

heraus.
Ich.
...
Wo ist der Gesang jetzt?
Da war doch die Fußwaschung
und dann gingen sie singen
ins Obergemach,
das weiß man.

LORANNE *räumt auf*
So.
Jetzt muß ich nach vorne gehen.
In den Shop.
Es ist Zeit.
Trink noch deinen Tee.
Und nimm die Tablette von Dr. Berner.
Da.
So.
Wenn ich zurück bin,
mache ich dir ein Spiegelei,
Liebster –
Lebwohl Gregor. Lebwohl.

GREGOR:
Du tust gut daran,
silberblaues Mädchen –

LORANNE:
Lebwohl, vertreib dir die Zeit gut
inzwischen.
Schiebetüre auf - zu. Sie geht.

ERSTER TEIL

GREGOR IN DER KIOSKWOHNKÜCHE

GREGOR *allein:*
> Du tust gut daran,
> deinen Arm um Gregor Avinks Hals zu legen –
> Du tust sehr gut daran,
> dein Gesicht auf Gregor Avinks Kopf zu legen –
> schönes ... silbernes ...
>   *Entschlossen:*
> Gut,
> sehr gut.
> Setz dich her.
> Auf den Zementsockel meiner Maschine.
> Hier.
> Mädchen.
> Gregor Avink ist in der Tat entschlossen,
> die Zeit zu vertreiben,
> aus der Geschichte.
> Was aber geschieht mit deinen Zeitungen,
> wenn keine Zeit mehr ist?
> Was machen die Zeitungsmacher,
> wenn keine Zeit mehr ist,
> um Zeitungen zu machen?
> ...
> Du tust gut daran,
> bei mir zu bleiben,
> hier bei mir,
> um mich anzuschauen mit deinen
> lila Silberaugen.
> Denn Gregor Avink wird sich nun
> der Weltgeschichte bemächtigen,
> um ihr die Zeit auszutreiben.
> Dann ist Schluß mit der Weltgeschichte.
> Schluß mit der Geschichte,
> mit der Geschichtsgeschichte,

Schluß.
Dann ist sie zurückgerollt,
aufgedreht
in den Nullpunkt zurückgedreht.
Mittels dieser Kolbenkombination hier,
siehst du,
einer Erfindung des Gregor Avink.
Er hat einen Zeitvertreiber gebaut.
Damit stellt er reine,
geschichtslose,
keimfreie Zeit her.
Geschichtskeimfreie Zeit.
Zeit im Urzustand.
Urzeit.
...
Verstehst du, Mädchen?
Gregor Avink, der Maschineningenieur,
ist nämlich heraus.
Heraus aus der Geschichte.
Er ist in der Lage,
Zeit herzustellen,
saubere, unvorbelastete Zeit
aus der Zeitkeimzelle.
Komm her.
Dreh diesen Schalter.
Damit wirst du meinen Geschichtsentzeiter
in Gang setzen.
Weine nicht mehr
mit deinen silbernen Augen.
Drück diesen elfenbeinernen Knopf.
*Knack, Surren, immer neue technische Geräusche;
langsamer Übergang in Elektronenmusik und Jazz.*
Schon sausen die Jahrtausende

in den Kondensierungstrichter.
Mädchen, Mensch –
dieses alles erdrosselnde Schlamassel,
dieser Jahrtausendhaufen auf dir,
diese Lavamassen von Jahrtausendmoränen
auf deinem Gesicht
in deinen Silberaugen
sausen weg,
sind weg,
aus allen Mädchen-, aus allen Menschenaugen,
weine nicht, Loranne.
...
Wie sie läuft –
Präzision –
Großartig –
   Geräusche verstummen.
Sie hier, Kowski... was wollen Sie?
Was wollen Sie hier?
Was tun Sie hier?
   Keucht:
Loranne... er schnürt mir den Hals zu...
er... hängt mich... hängt mich an der Wand auf...
... an der Küchenwand...
Kowski
lassen Sie mich herunter.
...
Das zwanzigste Jahrhundert... es ist bereits eingelaufen...
aber nein,
nein –
Sie sind kein böser Mensch, Dr. Kowski.
   Normal:
Ich kann Ihnen meine Erfindung vorführen,

Herr Chefarzt.
Haben Sie vielleicht eine Ahnung...
Wissen *Sie* vielleicht –
Es handelt sich um einen Gesang –
in der Tat, Doktor,
der steckt da drinnen
in sämtlichen Epochen,
in allen Zeitepochen –
...

Ja, ich bin natürlich dagegen,
ich bin keineswegs einverstanden,
daß dieser Gesang über die Welt hin –
dieser internationale – über die Erde hin
diese wunderschöne Internationale...
auf keinen Fall, Doktor,
die saust mir nicht in den Nullpunkt –
die werde ich sozusagen...
wie sagt man...
aus der Kondensierung herauskondensieren –
verstehen Sie – aus der Zeit heraus...
...
Wütend:
Was lachen Sie?
Heraus mit dem Gesang –
Sie haben ihn... behördlich requirieren lassen –
zu Staatseigentum erklärt –
in die Museen verbannt –
genau –
ich... ich erwürge Sie –
das Lied her –
dieses Lied aus dem... aus dem Obergemach her –
Was geht Sie das Lied an... dieses Lied.
So verstehen Sie doch, Dr. Kowski.

Wir haben keine Wohnung.
Wir müssen in diesem Gesang wohnen.
Nach der Fußwaschung,
bald nachher sangen sie.
Gib heraus.
Ich muß ihn haben, ich muß ihn essen, trinken,
diesen Gesang,
Dr. Kowski.
Nur wenn ich heraus bin aus der Zeit
kann ich hinein.
...
Du hast ja keine Ahnung.
 Wieder technische Geräusche.
Was sagt er, Loranne?
Meine Erfindung?
Gewiß, meine Erfindung.
Eine Entzeitungsmaschine.
Hier dieser Trichter
reißt die Geschichte in Zeiteinheiten,
in sogenannte Stunden, Tage, Wochen,
Jahre und Jahrhunderte
in die Entzeitungsanlage hier.
Sie ist in voller Funktion.
Hier wird die Zeit ausgepreßt
aus der Geschichte,
oder die Geschichte aus der Zeit,
wie Sie lieber wollen.
Ausgepreßt.
Hier wird schöne, klare, absolut keimfreie
Zeit ausgepreßt
und durch die Rückflußröhre
in den Entzeitungsbehälter geleitet,
wo sie austropft.

Tropfengeräusche in einen Glasbehälter.
Hören Sie, Kowski?
Was habe ich gesagt?
Die Zeit tropft bereits aus.
Das zwanzigste Jahrhundert
tropft bereits aus...
Sehr gut.
...
Und hier haben wir bereits
das erste reine saubere Heute
in Jetzteinheiten...
in sogenannten Jetzteinheiten,
Jetzttropfen,
wenn Sie wollen...
Jetzteinheiten, flüssig.
DER GEKREUZIGTE:
Ich bin gekommen –
GREGOR:
Wie bitte?
Sagten Sie etwas?
   Gesang bricht aus. Erregt:
Da... da... da ist er...
Hören Sie... der Gesang...
Strom aus – rasch
Strom aus, Esel Kowski, dreh ab...
   Schalterknacks, Stille.
Was war das?
Da hat einer geredet.
An diesem Punkt.
Genau an diesem Punkt,
auf der Zeittabelle nachsehen,
den Punkt, den Zeitpunkt nachsehen...
Da hat einer geredet.

Da ist etwas los, mit dem, der da geredet hat –
der einzige... verstehen Sie... der in der Weltgeschichte bleibt,
der aus der Geschichtspresse bleibt,
diese Stimme, die nicht entzeitet wird –
da ist etwas los...
Wieso ist der hängengeblieben
in der Rotation,
der Mensch... diese Stimme... Wieso...?
Notier den ungefähren Zeitpunkt,
notier dir den Zeitpunkt,
Anfang zwanzigstes Jahrhundert...
Loranne... Mädchen... wenn man wüßte...
Strom an, Loranne.
Surren setzt ein.
Wenn man wüßte... zwanzigstes Jahrhundert...
...

DER GEKREUZIGTE:
Ich bin gekommen um –
GREGOR *flüsternd, erregt:*
Da ist er wieder – Loranne –
Da ist einer gekommen –
Das ist wieder der Mensch,
da...
Gesang.
Stop! Strom aus!
Wo... warte... da...
Zeittabelle zeigt bereits neunzehntes Jahrhundert –
Der ist gekommen –
Warum – wozu –
Im zwanzigsten gekommen –
im neunzehnten gekommen –
wozu... um... er sagt nicht wozu... er redet nicht weiter,

aber da ist offensichtlich einer gekommen,
der immer wieder kommt.
Wer ist das?
...
Wie, was sagen Sie, Kowski?
Ein Defekt?
Hängengeblieben
in der Spule –
bloß hängengeblieben im Apparat...
Loranne... hörst du...
ein Defekt, sagt er... eine Störung...
der Mensch... diese Stimme eine Störung...
wo Störung...
in meiner Maschine?
in der Weltgeschichte... eine Störung...
der Mensch...
Loranne, komm, setz dich her,
ich werde den Mann mit dieser Stimme...
Glaubst du nicht,
ich muß den Mann bekommen.
Herausbekommen –
Vermutlich läßt er sich in allen Jahrhunderten
fassen – wann immer er kommt,
mittels einer Antenne, einer kleinen silbernen Antenne
sehr gut, Mädchen –
Ich werde diesen hängengebliebenen Mann
freimachen in der Weltgeschichte –
Es handelt sich keineswegs um eine technische
Störung.
Druck verstärken, sagen Sie, Doktor?
Wieso Druck verstärken?
...
Loranne, er meint, ich soll den Druck

verstärken,
damit es jene Fetzen mitreißt
die hängen,
jene Geschichtsfetzen
jene Geschichtshängefetzen ... sagt er ...
 Immer stärker erregt:
Wie?
Injektionen?
...
 Keucht:
Ins Getriebe
Injektionen?
 Schreit:
Loranne! Lo ...
 Schiebetüre aufgerissen, Loranne kommt.
GREGOR *erregt:*
Was schreist du,
Gregor?
Sei still, schrei nicht.
Sonst holen sie dich.
Sonst kommt die Bahnhofpolizei –
GREGOR:
Siehst du nicht ... ich hänge ...
da ... an der Wand da ... hänge –
Siehst du nicht ... ich hänge ... da ...
LORANNE:
Du hängst doch nicht.
Komm, sei still.
GREGOR:
Kowski ... der Schuft hat mich
aufgehängt.
Was hat er vor? –
Was schaust du mich an

mit deinen silbernen Augen?
Bist du denn eine Flamme?
Bist du denn eine silberne Flamme? –
Wir müssen doch wohnen –
Weißt du denn nicht, daß wir wohnen
müssen?
Warum wohnen wir nicht?

LORANNE *voll Schmerz:*
Wie tust du mir leid!

GREGOR:
Wohnen ... komm doch ... wohnen ...
Wo ist das Haus aus Gesang über die Welt hin –
   Normal:
Hol mich doch herunter –
rasch, rasch,
sehr rasch –
...
Hach ... die Maschine läuft.
Das achtzehnte Jahrhundert
läuft schon durch die Ventile ...
Mein schönes blaues, lilablaues ...
rasch Zeitmesser kontrollieren.
...
Zeigt bereits: Französische Revolution.
Ausgezeichnet!

DER GEKREUZIGTE:
Ich bin gekommen um Feuer –
   Gesang.

GREGOR:
Da ist er wieder –
Der da kommt –
Feuer ... was sagt er, Loranne –
Gekommen um Feuer ...!

27

Wer versteht das?
Niemand versteht das.
Aber es ist immer derselbe,
immer wieder durch die Geschichte derselbe
der kommt –
Was ist das für einer?
Und dann singen sie gleich wieder –
wunderschön –
die gehören zusammen.
  Verwundert:
Der, der redet, und die andern, die singen –
durch die ganze Zeit –
die werden nicht kondensiert, nicht verflüssigt . . .
die halten sich heraus aus der Presse –
Tatsächlich –
Aber ich bring es heraus, warte Mädchen,
du kannst sicher sein,
ich bringe den Menschen heraus, ich bekomme ihn
frei –
samt dem Gesang.
Einmal wird er sich mir stellen müssen mit Gesicht
und Gestalt, ich will wissen,
was mit dem Feuer los ist durch die ganze Zeit.
Wo sind wir . . .
  Eventuell große Trommel.
1650 –
Der Dreißigjährige Krieg ist vorbei, –
kondensiert –
tropft aus.
  Tropfen in Behälter.
Weiter, weiter –
Gegenreformation –
Konzil von Trient – vorbei –

weiter –
Thesenanschlag zu Wittenberg –
auch hinein
Reformation in den Trichter –
entzeitet,
auf ihre Substanz ausgepreßt,
geklärt, gereinigt,
entzeitet...
Weiter –
Columbus – fünfzehntes Jahrhundert –
Entdeckung Amerikas –
sehr gut –
Ausgezeichnet –
...
Wo ist der Feuerrufer? Loranne?
Ist er... ist der Gesang nun doch ausgeflossen?
 Neue technische Geräusche.
Nein, der kommt wieder...
Hörst du... sie spucken,
die Sterne spucken ihre Jahrtausende aus.
Sie spucken glühende Jahrtausende,
spucken alle
im Kosmos vorhandene
aufgestapelte Zeit
aus meinem Entzeiter heraus.
 Geräusche aus. Plötzlich ganz anders, äußerst konzentriert leise:
Meine kleine, meine blaue silberne –
Da schau da...
Kristall – im Tropfenbehälter –
Da... was ist das... Kristallzeit!
 Staunt.
Kristallisiertes Heute!! –

Perlen –
Zeit hat kristallisiert –
Im Tropfenbehälter lauter Jetzt –
Jjjjjjetzt aus Kristall –
Eine Jetztkette –
zeitloses Jetzt aus Eis.
  Innig:
Eine Jetztperlenkette für die silberne Flamme.
Das Mädchen –
das arme, arme Mädchen –
damit es nie mehr weinen muß...
wo ich an der Küchenwand hänge,
wo es sein Gesicht
an meine aufgehängten Füße legt
und weint und weint,
wenn die Welt in den Nullpunkt saust...
  Loranne ist unbemerkt weggegangen.
Sei still, Kind,
ich mache dir eine Eiszeitkette
eine Zeiteisperlenschnur
um deinen Hals –
  Läßt Perlen durch die Hand rieseln.
Reine Perlen...
wo bist du denn, wo...
Loranne schau da...
  Schiebetüre, rennt auf den Perron. Bahnhofgeräusche.
Wo bist du – Loranne!

ZWEITER TEIL

GREGOR AUF DEM PERRON

STIMME AUS DEM LAUTSPRECHER:
Paris – Wien – Belgrad – Istanbul
Abfahrt in drei Minuten
bitte einsteigen.
GREGOR *zu einem Reisenden:*
Steigen Sie nicht ein,
eben sind wir ins dreizehnte Jahrhundert
eingelaufen.
Hier einsteigen hat keinen Sinn mehr.
Das zwanzigste Jahrhundert habe ich...
unsere Zeit habe ich vor einer Viertelstunde
auslaufen lassen,
sie hat bereits kristallisiert.
ERSTER REISENDER:
Was ist los –
Mann –
Gehen Sie,
trinken Sie einen
starken Kaffee
im Buffet.
GREGOR:
Das geht nicht,
ich bin nämlich aufgehängt
an der Küchenwand,
leider.
Loranne weint den ganzen Tag.
Begreiflich.
...
Steigen Sie nicht ein,
ich sage Ihnen nochmals,
machen Sie das nicht.
Nicht einsteigen... nicht einsteigen...
nicht...

die Zeit ist heraus...
wir sind im Mittelalter angekommen,
da gibt es keine Schnellzüge mehr –
keine Schnellzüge...

ZWEITER REISENDER:
Sollen wir dafür
in die Kreuzzüge einsteigen?

GREGOR:
In einer Stunde spätestens
werden wir in den Nullpunkt
sausen.

DRITTER REISENDER:
Soso, was Sie nicht sagen.
Sie sind vermutlich ein wenig betrunken,
Mann!
Elektromobil hupt.

GEPÄCKWAGENFAHRER:
Obacht – obacht –
Esel!

GREGOR:
Nicht einsteigen...!

FRAU:
Komm, der ist nicht bei sich –
Wir müssen gehen –
wir haben keine Zeit.

GREGOR:
Genau, Sie haben keine Zeit mehr.
Raten Sie,
was habe ich da in meiner Hand?
Bitte, raten Sie?
Geht ihnen nach.
Sieht aus wie Eis.

...

Wie Kristall.
...
Seit ich heraus bin,
besitze ich etwas.
Seit ich aus der Zeit heraus bin,
wissen Sie.
DIE FRAU
Lacht.
GEPÄCKWAGENFAHRER *hupend:*
Obacht – obacht –
Hört der Esel nichts!?
Bremse knirscht.
GREGOR:
Die Kristallisation der Zeit
bedeutet eine enorme Vereinfachung
in der Jetzt-Gewinnung.
Stellen Sie sich vor:
Jedem ein zeitloses, kristallisiertes Jetzt
in die Hand,
ein Jetzt pro Kopf
jedem zugemessen,
eine genaue Portion Zeit
oder Zeitlosigkeit,
damit hat jeder auszukommen.
Keiner hat in Zukunft mehr Zeit in der Hand
als das Jetzt.
Dann lebt jeder von der Hand in den Mund.
Vom Jetzt und Jetzt...
verstehen Sie?
Kristallisation bedeutet hochwertige
Konservierungsmöglichkeit – verstehen Sie?
Schreit plötzlich.

BAHNHOFVORSTAND:
    Was schreien Sie?
    Was gibt es da?
    Bitte Platz machen.
LORANNE:
    Gregor ... was ist ...?
    Das ist mein Mann –
    Komm –
ERSTER REISENDER:
    Morgens früh schon besoffen-tz-tz-tz!
GREGOR:
    Loranne, der Mann versteht nicht,
    wozu ich keimfreie Jetztperlen
    produzieren muß.
    Er versteht nicht, warum ich zu diesem Zweck
    die Weltgeschichte –
BAHNHOFVORSTAND:
    Nehmen Sie ihn mit.
LORANNE:
    Komm, Gregor.
BAHNHOFVORSTAND:
    Sonst gibt es ein Unglück.
GREGOR:
    Wo alles in den Nullpunkt saust,
    wozu Schnellzug Paris–Wien–Belgrad–Istanbul –
LORANNE:
    Betrunken ist er nicht.
    Er hat nur das Bewußtsein,
    das richtige Bewußtsein verloren.
    Er spricht zwölf Sprachen,
    doch jetzt hat er alle vergessen.
    Aber es kann plötzlich wieder gut
    werden.

ZWEITER REISENDER:
Der Mann sieht eigentlich intelligent aus –
Hochintelligent!
DRITTER REISENDER:
Emigranten –
GREGOR:
Komm du –
schönes – silberblaues –
die Leute, ach die Leute,
was sind das doch für Leute,
alle die Leute ...
Komm –
von dem, was wirklich geschieht,
verstehen sie gar nichts.
Und jeder muß doch hinein
ins Draußen ...
Komm.
REISENDE *sprechen ad libitum:*
Armer Kerl – offensichtlich ein Intellektueller –
wurde so zugerichtet, was für eine schöne junge
Frau er hat ...
Das Paar geht inzwischen in den Kiosk zurück.
GREGOR:
Hinein ins Draußen –
in den Nullpunkt –
LORANNE:
Ich war schnell im Buffet,
um ein paar Eier zu holen.
Inzwischen bist du hinausgelaufen.
Aber auf dem Perron ist es zu
gefährlich für dich –
Komm, bleib nicht stehen –
Gregor –

GREGOR *murmelt:*
In einer Stunde werde ich –
ja in einer Stunde, wann ist das,
in einer Stunde –
da werde ich Urzeit, reine Urzeit –
in winzigen Kristallen,
in unteilbaren Zeiteinheiten,
an die Menschheit austeilen.
LORANNE:
Nicht stehen bleiben,
Komm –
Bleib nicht stehen – komm gib acht, der Gepäckwagen...
Elektromobil fährt hupend vorbei.

GREGOR:
Dann hört jede Verkapitalisierung der Zeit
durch den Staat auf.
In einer Stunde –
wann ist: in einer Stunde?
Warum ist denn jetzt die Sonne schwarz,
Loranne,
hast du so eine schwarze Sonne gesehen
in deinem Leben?
Dort über der Burg?
Dort über den Türmen der Burg dort?
Siehst du dort?
LORANNE:
Keine schwarze Sonne,
keine Burg –
Da ist bloß die Bahnhofhalle.
Und wenn wir in den Kiosk kommen,
essen wir.

Ich koche rasch etwas Gutes, nicht?
Komm, bleib nicht hier stehen.
GREGOR:
Aber die Pferde, das Militär
den Hügel herauf,
aus der Stadt herauf?
Was ist denn da los?
Auf dem Hügel, da ist eine Versammlung
offenbar –
was ist denn da los?
LORANNE:
Nichts los –
auf dem Perron geht es doch immer
so zu und her,
den ganzen Tag –
GREGOR:
Nichts los? So.
Wenn du meinst. –
Aber schau doch da, da vorne da...
der Haufen Leute, die Frauen, Militär,
da ist doch etwas los.
Wird es denn nicht dunkel, Mädchen?
Wird es nicht stockdunkel?
LORANNE:
Nein nein, das meinst du nur,
weil du draußen bist,
außer dir.
Da sieht man dann so Sachen.
Aber willst du denn nicht mit mir
kommen?
Warum bleibst du denn immer stehen?

GREGOR *murmelt:*
   Das kann doch noch nicht der Nullpunkt
   sein –
   meinen Berechnungen zufolge
   wird die Welt in einer Stunde, erst in einer Stunde
   in seinen Raum eintreten,
   diese Stunde ist aber noch nicht da.
   ...
   Du bist eine Flamme,
   das bist du.
   Da in der Nacht da.
   In der stockdunklen schwarzen Sonnennacht da.
   Warum?
   Wie denn?
   Was ist denn nur los?
   Warum hänge ich denn?
   Warum bin ich denn aufgehängt?
   Und warum dieses silberne... diese Lohe...
   um mich...
   dieses Flammenmädchen da...
   Die Flamme
   worin ich hänge?
   Etwas ist los.
   Etwas.
      Flüstert:
   Ich sage dir,
   etwas Grauenhaftes –
   da geschieht jetzt etwas.
LORANNE:
   Schau Liebster,
   da sind wir.
   Ich lasse noch schnell den Rolladen herunter
   vor der Auslage...

Warte, ich komme gleich...
Dreht den Rolladen.
GREGOR *murmelt:*
...die Jetztperlen
werden in der Flamme schmelzen,
dann –
dann brennt die ganze Weltzeit –
man wird ja sehen,
nimmt mich nur wunder,
was die da machen –
Ist das da Belgrad, da unten diese Stadt da?
Wieviel Uhr ist es denn?
LORANNE:
Jetzt mach ich rasch das Mittagessen –
GREGOR *erregt:*
Ist es jetzt vielleicht... vielleicht
gegen drei Uhr? –
Reißt Schiebetüre auf.

DRITTER TEIL

GREGOR ERLEBT GOLGOTA IN DER KIOSKWOHNKÜCHE

GREGOR *höchst erregt:*
Halt –
Bleib draußen –
ich muß erst sehen was los ist.
Meiner Berechnung gemäß
müßte die erste Spule
zirka um Christi Geburt zu Ende sein.
Halt –
Vorsicht –
Tritt ganz vorsichtig ein –
...
Sie steht.
Vorsicht... kleines... silberblaues...
die Spule.
Schluß mit der Spule.
Ausgelaufen.
Die Maschine steht.
   Keucht plötzlich wie am Ersticken.
Nein... nnnnein... nicht...
   Hammerschläge.
ERSTER SOLDAT:
Biest –
da und da – so –
Da hängst du ... da.
Der hängt auch.
Das Biest da hat den ganzen Essigkrug
leergesoffen.
GREGOR:
Sp... Spu... Spule... ich muß, muß...
Spule wechseln... ich –
   Etwas entfernt Hämmern. Man hört Männerstimmen.

ERSTER SOLDAT:
 Der hängt auch.
 Der Dritte.
ZWEITER SOLDAT:
 Gib dem seinen Rock her.
DRITTER SOLDAT:
 Gutes Tuch.
 Gib dem seinen Rock her,
 habe ich gesagt.
ERSTER SOLDAT:
 Was ist mit der Frau?
 Bleibt die da?
GREGOR:
 Ja, ja, die Frau bleibt da,
 das ist Loranne,
 nein, das ist Maria!
 oder... Loranne...
 das ist dieselbe, die bleibt da!
 Lo... Loranne... Hauptmann... nnnicht!... herunter
 Ich...
ZWEITER SOLDAT:
 Würfel her,
 Rock auswürfeln –
DRITTER SOLDAT:
 Schönes Tuch!
ERSTER SOLDAT:
 Also: was ist mit der Frau?
 Bleibt die jetzt da?
GREGOR *flüstert:*
 Loranne! Ja, die bleibt da, die Frau!
ZWEITER SOLDAT:
 Der Rock wird nicht zerhauen.
 Dem Judenkönig seiner.

Der wird nicht zerhauen.
Auslosen!
Spielt sich in Entfernung ab. Sie würfeln.
ERSTER SOLDAT:
Drei zu Sieben.
ZWEITER SOLDAT:
Eins zu Vierzehn.
DRITTER SOLDAT:
Sechs zu drei zum Teufel...
GREGOR:
Hauptmann... wo ist der Hauptmann... Loranne...
LORANNE:
Mein Gott –
Gregor,
wie mußt du leiden...
mein Lieber!
Sie weint.
GREGOR:
Ich hänge doch!
Ein Versehen – herunter – Spule wechseln –
Ruf doch den Hauptmann.
LORANNE:
Jetzt ist er wieder außer sich,
ganz außer sich,
mein Gott.
...
Sei ruhig, Gregor,
Komm, sei ganz ruhig –
GREGOR:
Aber ich hänge doch –
sag dem Hauptmann...

LORANNE:
   Komm doch.
   Komm doch ein wenig wieder herein,
   zu mir.
GREGOR:
   Siehst du denn nicht,
   daß ich darin bin in dieser Geschichte,
   in dieser grauenhaften Geschichte,
   darin...
LORANNE:
   In welcher Geschichte?
   Komm doch, komm zu mir herein.
   Kannst du nicht, dann komm ich zu dir,
   zu dir heraus.
   Da sind wir beisammen.
GREGOR:
   In dieser grauenhaften Geschichte.
   Beide ausgewechselt, beide in dieser...
   Sie ist über den Trichterrand... diese Geschichte
   ist über mich herein –
   hereingeschwappt... da herein... in den Kiosk herein-
   geschwappt... weil ich die Spule nicht...
   rechtzeitig nicht...
   Hilf, Loranne – Maria!
   Sag dem Hauptmann,
   sag dem Hauptmann –
   sag dem Hauptmann –
   Du bist doch auch dabei
   Maria – Mädchen – Frau,
   sag ihm, Gregor Avink ist kein Schächer...
   ist verwechselt, ausgewechselt...

LORANNE:
Gregor, sei ruhig,
ganz ruhig.
Du hängst doch gar nicht.
Du hängst nicht an der Küchenwand,
niemand hat dich aufgehängt.
GREGOR:
Da drunten... die Stadt...
Istanbul –
oder was –
nein, Jerusalem
oder so eine Stadt,
ja Jerusalem,
Hauptmann, da ist etwas passiert,
beim Spulenwechsel –
Da ist diese Geschichte auf diesem Hügel da
über dieser Stadt da,
über Jerusalem.
aus der Geschichte herausgeschwappt.
Die nahm es nicht mit hinein
in den Kondensator.
Jetzt ist sie ausgeflossen
im Kiosk da,
Golgota ist im Kiosk da,
jetzt –
verrückt –
Loranne, ich werde verrückt –
verstehst du denn nicht,
jetzt bleibt dieser Fetzen,
dieser Geschichtsfetzen bleibt in alle, alle zeitlose
Zeit,
bleibt da jetzt im Jetzt –
ist kristallisiert.

Kristallisierte Geschichte.
Bleibt durch alle Jahrtausende.
Wurde nicht in den Trichter gerissen.
Aber mich hat es hineingerissen
in diese Geschichte...

LORANNE:
Mein Gott, mich auch –
Ich bin auch darin.
Ich bin auch ausgewechselt...
Ich leide mit dir, ich auch.
Loranne schluchzt und weint in ihre Hände.

GREGOR:
Einfach gefaßt –
aufgehängt –
ausgewechselt, verwechselt
von den Wechslern, Auswechslern...
von...

DER GEKREUZIGTE:
Ich bin gekommen
um Feuer auf die Erde zu werfen.
Pause.

GREGOR:
Da hängt ja noch einer –
da in der Mitte –
die Stimme –!!
...
Durch die Jahrhunderte
das ist jetzt der...
der immer sagt:
«Ich bin gekommen um...»
wozu gekommen –
Feuer...
Wozu bist du gekommen, du... hörst du mich?

DER GEKREUZIGTE:
  – um Feuer auf die Erde zu werfen.
  Und ich will, daß es brennt.
GREGOR:
  Feuer –
  wirf es doch!! – –
  Loranne,
  das ist der, der Hängengebliebene
  durch die Jahrhunderte –
  Das ist der ... Gekreuzigte in der Mitte ...
LORANNE:
  Schau,
  Gregor, –
  der ist auch ausgewechselt.
  Der hängt für alle andern.
GREGOR:
  Du da ... in der Mitte ...
  Was hast du gesagt?
  Um Feuer zu werfen?
  Dann bist du ein Feuerwerfer.
  Wo hast du aber das Feuer jetzt,
  wo du hängst?
  Jetzt?
  Wirf es doch, auf diese Bande!!
  diese Verbrecher!!
  ...
  Ich werde euch hineinquetschen,
  in den Trichter, auspressen – ich werde euch
  entzeiten, verflüssigen, einfrieren und
  schmelzen und kondensieren –
  zurücksausen lassen –
  – in die Urnacht
  in den Nullpunkt.

Ich reiße alle in den Nullpunkt –
alle diese Wechsler ... diese Auswechsler ...
Du, kannst du mich hören,
Feuerwerfer?
Wirf es doch – in die Welt – in die Weltgeschichte –
...
Warum hast du dich am Galgen
hochziehen lassen,
Mensch?
DER GEKREUZIGTE:
Wenn ich erhöht bin,
werde ich alles an mich ziehen.
GREGOR:
An dich ziehen?
Alles?
Kannst du das?
Du ... hör ...
LORANNE:
Laß ihn,
er zieht alles.
Laß ihn.
Er zieht alles an sich.
GREGOR:
An dich? Ziehst du ... an dich?
Die Geschichte –
Weltgeschichte –
Vergangenheit – Zukunft
an dich?
Du ziehst die Menschheit an dich,
die Zeit?
Jetzt?
Ziehst du auch Gregor Avink an dich?
Er ist aber ausgewechselt –

er ist der Schächer, einer von beiden,
er ist beide Schächer —
Und da kniet vor seinen aufgehängten Füßen
kniet eine... eine Flamme... eine Frau...
Loranne!
...
Wohin zieht er uns denn?
LORANNE:
Herr, denk an ihn, wenn du in
dein Reich kommst.
DER GEKREUZIGTE:
Heute noch wirst du mit mir
im Paradiese sein.
GREGOR:
Ins Paradies ziehst du...
Loranne, sag ihm... nicht ins Paradies... ins
Obergemach über die Welt hin...
in...
wo sie singen in allen Sprachen...
dorthin —
wo wir wohnen werden...
sag ihm, wir haben noch keine Wohnung...
Loranne... wo sind wir denn...
LORANNE:
Er zieht uns an sich, in sich —
hinein —
Pause.
GREGOR:
Sei still —
ich bin nicht mehr draußen.
Red nicht.
Jetzt bin ich drinnen.
In dem da.

Dieser da ist der Zeitvertreiber.
Er zieht alles heraus aus der Zeit.
Was darin ist, was darin geschieht,
zieht er heraus und zieht alles herein
in sich...

DER GEKREUZIGTE:

Mein Gott, mein Gott,
warum hast du mich verlassen!
Ein Blitz. Die Maschine ist stumm.

GREGOR:

Loranne –
Die Sonne –
hast du gehört –
Zerschellt...
in den Nullpunkt gesaust –
die Maschine... auch...
zerschellt.
Du... du... jetzt ist er selber
Du... ist der Nullpunkt die Hölle –
ist er jetzt darin,
im Nullpunkt der Hölle –?
in der Hölle zuunterst –
dort, wo die Hölle aufhört – dort ist er jetzt.
Und alles zieht er mit sich hinunter
dorthin, wo die Hölle aufhört –
dich und mich und alles...

LORANNE:

Gregor – weißt du was –
zuunterst in der Hölle
da ist der Himmel,
dort wo die Hölle aufhört –
da ist die Herrlichkeit, –
der Herr.

Da ist er.
Was hat er gesagt...
Gregor –
«Heute noch» hat er gesagt.
GREGOR:
Wann ist heute?
LORANNE:
Heute ist jetzt.
GREGOR:
Zum Teufel,
was macht der Kerl?
Der Soldat?
Mit dem Speer?
Er hält einen Schwamm vor seinen Mund...
ERSTER SOLDAT:
Jetzt hat er den Geist
aufgegeben.
Jetzt ist er tot.
GREGOR:
Er stößt ihm den Speer
ins Herz.
FEUER!
Kurze Pause.
Flammengeprassel. Gesang bricht aus.
Alles brennt...
Loranne... du bist eine einzige Flamme
um mich, aus seinem Herzen,
um mich.
Ich brenne.
Komm –
Kurze Pause.

LORANNE *sprachlos:*
   Du hast mich geküßt –
   Gregor –
GREGOR *spricht von jetzt an völlig normal:*
   Was mußt du gelitten haben ...
   Was mußt du ... gelitten haben ... du ...
   Herrlichkeit ... hörst du ... Herrlichkeit
   in allen Sprachen –
      Gesang.
   Flammenherrlichkeit ...
   über die Welt in die Welt hinein ...
   Flammenzungen über die Halle, Zungenflammen,
   Zungenherrlichkeit
   braust über die Stadt hin.
   Herr ... Herr ... Herrlichkeit ...
   durch alle Jahrtausende ... brennt ...
   das Jetzt brennt durch alle Zeiten –
   Komm, wir gehen.
   Wir gehen nach Hause.
   Nimm deinen Mantel. Komm.
      Schiebetüre auf, Bahnhofgeräusche.
LORANNE:
   Wir gehen – wohin?
   Gehen – ja gehen,
   o wir gehen ...
GREGOR:
   Jetzt singt alles.
   Alles singt, jetzt.
   In allen Zügen jetzt.
   Alle Züge singen, brennen, alle Geleise,
   alle Hallen singen –
   Herrlichkeit –
   aus dem Nichts singt Herrlichkeit ...

LORANNE:
    Das Feuer ist niedergegangen,
    dann,
    damals,
    über dem Obergemach,
    wo sie gewartet haben, die Leute,
    wo sie warten,
    und hat sie gefaßt und betrunken
    gemacht,
    morgens um neun Uhr,
    betrunken, aber nicht von Wein ...
    Wir gehen, wir gehen ...
    Nicht vom Wein betrunken –
    und du hast deine Sprachen wieder –
    wir gehen –
    vom Geist betrunken,
    nicht vom Wein,
    vom Himmel betrunken ...

GEPÄCKWAGENFÜHRER:
    Fährt hupend vorbei.

GREGOR:
    Vorsicht – Loranne,
    der Wagen,
    gib acht –
    Komm.

LORANNE:
    Eine Wohnung,
    und Übersetzungsarbeit –
    wirklich?
    Mein Gott! Gregor, alles ist gut –
    Du bist gesund.
        *Das Folgende ist gesprochener Pfingstjubel: «Vom
        Himmel betrunken ...»*

GREGOR:
   Heute ist Pfingsten –
LORANNE:
   Pfingsten.
GREGOR:
   Jetzt, Pfingsten.
LORANNE:
   Ist jetzt immer jetzt?
GREGOR:
   Immer ist jetzt Pfingsten
   nie mehr ist
   nie mehr Pfingsten –
LORANNE:
   Nein,
   nie mehr.
   Immer ist jetzt Pfingsten über die
   Welt hin –
   und man kann darin wohnen,
   jetzt und jetzt und immer,
   darin –
   über die Welt hin.
   Über der Welt, darüber,
   über der Zeit,
   über dem Raum der Welt und der Zeit
   leben und wohnen, –
   oben,
   im Obergemach von Pfingsten
   im Jubel.
   Da ist alles wieder da,
   alles ist wieder da.
   Du bist wieder da,
   jetzt bist du wieder da und wir sind
   wieder da.

Deine Augen und deine Sprachen
und daß du lachst und mit mir gehst
ist alles wieder da
und deine Sprachen und deine Worte zu mir
und der Glanz und das Feuer jetzt...
alles...
...
Gehen wir –
wohnen
darin.
GREGOR:
Ja, bleiben wir –
Gehen wir,
vom Jetzt ins Jetzt.

ERNST HOFMANN

CHRISTI GEIST – ÜBER ZEIT, GESCHICHTE UND MENSCHENHEIL MÄCHTIG

ZUR THEOLOGIE DES PFINGSTSPIELS «DER BRENNENDE ZEITVERTREIB»

Ein genialischer Gedanke: sich der Vergangenheit bemächtigen, aus der Geschichte das Geschehen herausfiltern und so «reine Zeit» gewinnen! Silja Walter schreibt diesen Einfall einem geistig Erkrankten zu, der als Konstrukteur und Polyglotte die Fremdsprachenkorrespondenz eines Unternehmens geführt und infolge medikamentöser Bewußtseinsmanipulation durch ein totalitäres Regime sein Gedächtnis verloren hat – damit auch die Sprachen, die er früher beherrschte. Jetzt lebt er, ins Ausland abgeschoben, an der Seite seiner Frau in einem Bahnhofkiosk, wo der Verkauf von Zeitungen (!) ihren Unterhalt fristet. In seiner Geisteswirrnis hat Gregor eine Maschinerie zusammengebaut, mittels derer er sein skurriles Vorhaben zu verwirklichen gedenkt, nämlich sozusagen «tempus destillatum» herzustellen und alsdann für sich und andere über das Produkt zu verfügen.

Eines Tages setzt er die Apparatur in Gang; sie beginnt zu arbeiten und liefert auch schon den ersten Ertrag. Plötzlich aber, mitten im Herstellungsprozeß, stößt der Experimenteur im Zwielicht seines hellseherischen Wahns auf Gott, der sich, Mensch geworden in Jesus Christus, zum Herrn und Kern auch der Geschichte gemacht hat.

Wie folgerichtig und einfallsreich die Dichterin dies vonstattengehen und zutage treten läßt, schildert der spannende Spielverlauf. Zum geistlichen Dokument und Erlebnis wird das Spiel dadurch, daß der prometheisch angelegte Versuch, aus der Welt etwas herauszupräparieren und für den Menschen verfügbar zu machen, was sie mit «im Innersten zusammenhält» – nämlich die Zeit –, in die Erfahrung mündet: Die in die Zeit gekommene und in das Weltgeschehen eingeflochtene Person und Heilstat Jesu Christi widersteht der Zermahlung, in die alle sonstige Geschichte hineinverschlungen wird. Der über Zeit und Zeiten wirklich verfügt, darin lebt und sie überlebt, ist allein Gott, der sich erlösend der Zeit mitgeteilt hat.

Spezifisch pfingstlich wird die Glaubensdichtung «Der brennende Zeitvertreib» im Zeichen des Feuers, Attribut des Geistes Christi. Zuerst ist es das Schlüsselwort Jesu «Ich bin gekommen, um Feuer auf die Erde zu werfen», über das die sezierende Maschine keine Gewalt bekommt. Zuletzt greift der Sog des geschichtefressenden Experiments nach dem Werk Christi, gipfelnd im Geschehen auf Golgota. Dieses ufert als geistlich-gnadenhafte Wirklichkeit auf den Zeitwerker über, hängt ihn gleich einem Schächer neben dem in der Mitte Gekreuzigten auf. Die äußerste Schicksalsgemeinschaft mit dem betenden, ringenden, lossprechenden, verheißenden, sterbenden Herrn wird zur innersten geistig-seelischen Zerreißprobe für Gregor, zumal er mit lähmend erlösendem Entsetzen wahrnimmt, wie aus dem Herzen Jesu Feuer bricht. Rasend springt es auf alle Welt-Geschichte über, und auch ihn erfaßt die verzehrende und verwandelnde Lohe Gottes. Sie durchglüht alle Schichten seines Wesens, reißt ihn in das Heil Christi hinein und heilt so auch die Krankheit seines Geistes. Ihm – und den Hörern – wird offenbar, wer in Wahrheit über die Zeit verfügt, sie treibt, sammelt, endet und einschmilzt in Ewigkeit: der brennende Zeitvertreib, der Heilige Christusgeist. Er ist es auch, der den Sucher nach dem Kern der Zeit und dem Elixier der Geschichte wieder in den Besitz seiner «zwölf» Sprachen setzt.

Einer Tondichtung ähnlich wird dieses Sprechspiel noch von einem dritten Motiv getragen – neben Feuer und Zeit. Der hintersinnig Suchende und um Befreiung Ringende vernimmt in seiner Geisteswirrnis seltsame Ge-

sänge. Er glaubt auch sie seiner universalen Apparatur zu verdanken, die für ihn ein unirdisches Klangphänomen einfängt. Es hört sich so substantiell an, als sänge sich eine Gemeinschaft von Jubilierenden in fernen Höhen eine Hausung zurecht, wo es sich selig wohnen läßt. Und sooft seine Frau das bedrückende Fehlen einer noch so bescheidenen Wohnung für sie beide ins Gespräch bringt, redet der Kranke von dem heimatschaffenden Obergemach der Gesänge und der Singenden.

Dieses tönende Thema, mit dem das Spiel beginnt, wird mit aufgelöst und erhöht im Feuerfinale des Stücks. Es führt nämlich, von dem übersinnlich Hörenden sicher erspürt, in das historisch-biblische und zugleich überzeitliche Obergemach, wo die Männer und Frauen der Jüngergemeinde Jesu auf dessen Weisung betend und singend das Kommen seines Pneumas erwarten und pfingstlich erfahren (Apg 1,13–14); die Kirche – die bergende Überinternationale aller Zeit und aller Sprachen. Darin aber schimmert das ewige Obergemach durch, wo die von den Engen und Nöten ihres diesseitigen Wesens Gelösten Wohnung finden und «das Lied zu Ehren des Lammes singen» (Offb 15,3).

Pol und Kontrast zur Gestalt des geistig verstörten Mannes ist personhaft und dramaturgisch seine Frau Loranne. Durch sie kommt die nüchterne, gedanklich klare, harte Wirklichkeit, in Liebe getaucht, zu Gehör. Ihr erstes Tun im Spielgeschehen, der zeichenhafte Liebesdienst des Füßewaschens (vgl. Joh 13, 1–12), prägt, erschließt und trägt beziehungsreich ihr gesamtes übriges Verhalten und Reden. Ihr aufopferndes Mitgehen und Mitleiden durch alle Phasen des irren männlichen Suchens und «Scheiterns» macht sie ungeahnt zum Nachbild der mütterlichen Frau unter dem Kreuz Jesu. Als

Maria erkennt sie denn auch ihr Gatte, währenddessen die Gleichförmigkeit mit dem sterbenden Herrn ihn verzehrt und rettet.

SILJA WALTER

ist 1919 in Rickenbach bei Olten geboren. 1933 bis 1938 besuchte sie das Seminar in Menzingen. Danach studierte sie Literatur an der Universität Freiburg und später arbeitete sie in der katholischen Jugendbewegung. 1948 trat sie ins Kloster ein. Sie lebt als Sr. Maria Hedwig OSB im Kloster Fahr, Unterengstringen bei Zürich.

VON SILJA WALTER SIND ERSCHIENEN:

Gesammelte Gedichte, 100 Seiten, geb.
Wettinger Sternsingerspiel, 36 Seiten, geb., ill.
Es sing die heil'ge Mitternacht
  Weihnachtsoratorium, 48 Seiten, geb.
Die hereinbrechende Auferstehung
  Erzählung, 48 Seiten, geb., ill.
Beors Bileams Weihnacht, Erzählung, 62 Seiten, geb., ill.
Sie warten auf die Stadt
  Eine Pfingsterzählung, 72 Seiten, geb., ill.
Gesammelte Spiele, 284 Seiten, Ln.
Der Fisch und Bar Abbas, Erzählung, 160 Seiten, Ln.
Würenloser Chronikspiel, 96 Seiten, brosch.
Der Tanz des Gehorsams oder Die Strohmatte
  164 Seiten, Ln., mit Illustrationen der Autorin
Das Kloster am Rande der Stadt, 88 Seiten, Ln., ill.
Die Schleuse oder Abteien aus Glas, Roman,
  224 Seiten, Ln.
Hol mich herein, Meditationen in der Messe
  In Zusammenarbeit mit K. H. Zeiß, 88 Seiten, geb.
Die Scheol tanzt, Weihnachtsspiel, 68 Seiten, geb.
Ich bin nicht mehr tot, Osterspiel, 80 Seiten, geb.
Tanz vor dem Herrn, Neue Wortgottesdienste
  Mit Beiträgen von Jakob Baumgartner, 168 Seiten, Ln.
Beim Fest des Christus, Meditationen zur Messe
  In Zusammenarbeit mit Ernst Hofmann, 128 Seiten, geb.
Das Hymnenjahr, Mit Kommentaren von Severin Schneider, 80 Seiten, geb.
Der Turm der Salome, Monodrama, 56 Seiten, geb.

IM VERLAG DER ARCHE